Die Erfindung
der Medien

Stimme, Macht und Meinung

Eine Betrachtung

von

Lutz Spilker

DIE ERFINDUNG DER MEDIEN – STIMME, MACHT UND MEINUNG

Bibliografische Information der Deutschen Nationalbibliothek:
Die Deutsche Nationalbibliothek verzeichnet diese Publikation in der Deutschen Nationalbibliografie; detaillierte bibliografische Daten sind im Internet über http://dnb.dnb.de abrufbar.

Softcover ISBN: 978-3-384-22439-2
Ebook ISBN: 978-3-384-22440-8

© 2023 by Lutz Spilker
Druck und Distribution im Auftrag des Autors:
tredition GmbH, An der Strusbek 10, 22926 Ahrensburg, Germany

Inhalt

Die Medien sind bellende Wachhunde der Demokratie, und die Demokratie ist bekanntlich das beste politische System, weil man es ungestraft beschimpfen kann.

Ephraim Kishon

Ephraim Kishon (hebräisch קישון אפרים), geboren als Ferenc Hoffmann (* 23. August 1924 in Budapest, Ungarn; † 29. Januar 2005 in Meistersrüte, Appenzell Innerrhoden, Schweiz), war ein israelischer Schriftsteller, Theater- und Filmregisseur ungarischer Herkunft. Er gilt als einer der erfolgreichsten Satiriker des 20. Jahrhunderts im deutschsprachigen Raum.

Vorwort

Willkommen zu ›Die Erfindung der Medien‹. Dieses Buch lädt Sie ein zu einem aufschlussreichen Trip durch die Geschichte, Entwicklung und vielfältigen Facetten der Medienlandschaft. Von den frühen Anfängen der Kommunikation bis hin zur modernen Ära des digitalen Zeitalters werden wir die entscheidenden Wendepunkte, die bahnbrechenden Innovationen und die kontinuierliche Evolution der Medien erforschen.

Die Medien haben eine einzigartige und transformative Kraft, die unser Denken, Handeln und Entscheiden in nahezu allen Bereichen des Lebens beeinflusst. Sie sind nicht nur Vermittler von Informationen, sondern auch Schöpfer von Realitäten, Formern von Meinungen und Verstärkern von Ideen. Die Geschichte der Medien ist somit untrennbar mit der menschlichen Geschichte verbunden und spiegelt die Dynamik und Vielfalt unserer Gesellschaft wider.

In diesem Buch werden wir nicht nur die technologischen Innovationen und Meilensteine der Medienentwicklung erkunden, sondern auch die sozialen, kulturellen und politischen Kontexte, die diese Entwicklungen beeinflusst haben. Wir werden die Rolle der Medien in der Formung von Identitäten, in der Verbreitung von Wissen und Ideen, in der Förderung von sozialem Wandel und in der Gestaltung der öffentlichen Meinung untersuchen.

Doch während wir die faszinierende Geschichte der Medien erkunden, werden wir auch kritisch über ihre Macht und Verantwortung reflektieren. Die Medien sind nicht nur Werkzeuge der Aufklärung und Information, sondern auch Instrumente der Manipulation und Kontrolle. Ihre Rolle als vierte Gewalt in einer Demokratie ist sowohl Segen als auch Fluch, und es ist entscheidend, dass wir uns ihrer potenziellen Auswirkungen bewusst sind und sie verantwortungsvoll einsetzen.

Darüber hinaus werden wir die aktuellen Herausforderungen und Chancen, denen die Medien gegenüberstehen, sowie die Zukunftsaussichten und Trends in der Medienlandschaft erkunden. In einer Zeit des rapiden Wandels und der Digitalisierung ist es wichtiger denn je, die Ethik, Integrität und Unabhängigkeit der Medien zu wahren und sicherzustellen, dass sie ihre Rolle als Wächter der Öffentlichkeit weiterhin erfüllen.

Ich lade Sie ein, sich mit mir auf diese spannende Reise zu begeben und die beeindruckende Welt der Medien zu entdecken. Möge dieses Buch nicht nur informieren und inspirieren, sondern auch dazu anregen, kritisch zu denken, Fragen zu stellen und die Macht der Medien zu hinterfragen.

Mit den besten Wünschen für eine aufschlussreiche und bereichernde Lektüre.

Die Anfänge der Kommunikation: Von Höhlenmalereien bis zu prähistorischen Symbolsystemen

In den frühesten Tagen der Menschheitsgeschichte war die Kommunikation von entscheidender Bedeutung für das Überleben der Gemeinschaften. Ohne die Fähigkeit, Informationen auszutauschen und sich zu verständigen, wäre es schwierig gewesen, gemeinsame Ziele zu verfolgen, Ressourcen zu teilen und sich vor Gefahren zu schützen. Die Anfänge der menschlichen Kommunikation reichen weit zurück in die Vergangenheit und sind eng mit der Entwicklung von Höhlenmalereien und prähistorischen Symbolsystemen verbunden.

Die Kunst der Höhlenmalerei

Die ersten Zeugnisse menschlicher Kommunikation finden sich in den eindrucksvollen Höhlenmalereien, die vor Zehntausenden von Jahren in Höhlen auf der ganzen Welt entstanden sind. Diese prähistorischen Kunstwerke bieten uns einen faszinierenden Einblick in das Leben und die Vorstellungen früherer menschlicher Gemeinschaften.

Die Höhlenmalereien waren nicht nur künstlerische Ausdrucksformen, sondern auch wichtige Kommunikationsmittel.

Sie dienten dazu, Geschichten zu erzählen, Erfahrungen festzuhalten, rituelle Praktiken zu dokumentieren und Wissen weiterzugeben. Durch die Verwendung von Farben, Symbolen und Bildern konnten die Menschen komplexe Ideen und Konzepte vermitteln, die auch heute noch faszinieren und inspirieren.

Die Entstehung von Symbolsystemen

Parallel zur Entwicklung der Höhlenmalerei entstanden auch prähistorische Symbolsysteme, die eine zunehmende Abstraktion und Standardisierung der Kommunikation ermöglichten. Diese Symbolsysteme umfassten Symbole, Piktogramme und einfache Schriftzeichen, die dazu dienten, Informationen aufzeichnen und über Generationen hinweg überliefern zu können.

Die Verwendung von Symbolsystemen markierte einen wichtigen Schritt in der Entwicklung der menschlichen Kommunikation. Sie ermöglichten es den Menschen, komplexe Konzepte und Informationen auf eine konsistente und strukturierte Weise zu vermitteln. Diese prähistorischen Schriftsysteme legten den Grundstein für die Entstehung von Schrift und Sprache, die später die Grundlage für die Entwicklung von Medien wie Büchern, Zeitungen und digitalen Plattformen bilden sollten.

Der Einfluss der Umwelt auf die frühe Kommunikation

Die Entstehung von Höhlenmalereien und prähistorischen Symbolsystemen war eng mit den Umweltbedingungen und den Lebensweisen der frühen Menschen verbunden. In einer Welt, die von der Natur und den Jahreszeiten geprägt war, spielte die Kommunikation eine entscheidende Rolle bei der Organisation des täglichen Lebens, der Jagd, der Nahrungsbeschaffung und der Ritualpraktiken.

Die Höhlenmalereien reflektierten die enge Verbindung der Menschen zur Natur und zu den Tieren, die ihre Umgebung bewohnten. Sie erzählten Geschichten von Jagderfolgen, spirituellen Erfahrungen und dem Zusammenspiel von Mensch und Tier. Die prähistorischen Symbolsysteme hingegen waren oft eng mit bestimmten kulturellen und rituellen Praktiken verbunden und dienten dazu, gemeinsame Symbole und Zeichen zu etablieren, die von der gesamten Gemeinschaft verstanden wurden.

Die Bedeutung für die moderne Welt

Die Anfänge der menschlichen Kommunikation und die Entwicklung von Höhlenmalereien und prähistorischen Symbolsystemen haben bis heute einen nachhaltigen Einfluss auf unsere Gesellschaft und Kultur. Sie legten den Grundstein für die Entstehung von Schrift und Sprache, die wiederum die Grundlage für die Entwicklung von Medien und Kommunikationstechnologien bildeten.

Die Fähigkeit, Informationen zu vermitteln und Ideen auszutauschen, ist ein grundlegendes Merkmal der menschlichen Natur und hat dazu beigetragen, dass sich unsere Spezies erfolgreich an verschiedene Umgebungen anpassen konnte. Die frühen Formen der Kommunikation waren der Anfang einer langen und faszinierenden Reise, die bis heute fortbesteht und die Art und Weise, wie wir denken, handeln und miteinander interagieren, maßgeblich prägt.

In den folgenden Kapiteln werden wir weiter in die Geschichte der Medien eintauchen und die entscheidenden Wendepunkte, Innovationen und Herausforderungen auf unserem Weg zur modernen Medienlandschaft erkunden.

Die Geburt der Schrift: Die Entstehung von Schriftsystemen in antiken Kulturen

Die Entstehung der Schrift markiert einen entscheidenden Wendepunkt in der Geschichte der Menschheit. Sie ermöglichte es den Menschen, Informationen dauerhaft festzuhalten, zu überliefern und mit anderen zu teilen. Die Anfänge der Schrift reichen zurück in die frühen Zivilisationen der Antike, wo verschiedene Kulturen unabhängig voneinander begannen, Schriftsysteme zu entwickeln, die ihre einzigartige Sprache und Kultur widerspiegelten.

Die sumerische Keilschrift: Eine der ältesten Schriften der Welt

In Mesopotamien, dem ›Land zwischen den Flüssen‹ (dem heutigen Irak), entwickelte sich vor etwa 5.000 Jahren die sumerische Keilschrift. Diese Schrift, die auf Tontafeln eingeritzt wurde, gilt als eine der ältesten bekannten Schriften der Welt. Die sumerische Keilschrift war zunächst ein System von Piktogrammen, das allmählich zu einem komplexen Schriftsystem mit etwa 600 Zeichen entwickelt wurde.

Die sumerische Keilschrift wurde vor allem für administrative Zwecke verwendet, um Waren und Dienstleistungen zu verwalten, Handelsabkommen festzuhalten und rechtliche Vereinbarungen zu dokumentieren. Sie ermöglichte es den Sumerern, ihre Geschichte, Religion und Kultur aufzeichnen und über Generationen hinweg bewahren zu können.

Die ägyptischen Hieroglyphen: Symbole der Macht und Spiritualität

In Ägypten entstand zeitgleich mit der sumerischen Keilschrift ein weiteres bedeutendes Schriftsystem: die ägyptischen Hieroglyphen. Diese Schrift, die vor allem auf Steininschriften und Papyrusrollen verwendet wurde, bestand aus einer Kombination von Bildern, Symbolen und phonetischen Zeichen. Die Hieroglyphen dienten nicht nur der Kommunikation, sondern waren auch Ausdruck von Macht, Autorität und Spiritualität.

Die ägyptischen Hieroglyphen wurden vor allem für religiöse Texte, Inschriften an Tempeln und Gräbern sowie für königliche Dekrete und Verwaltungsdokumente verwendet. Sie spielten eine zentrale Rolle im kulturellen Leben des alten Ägypten und waren ein Symbol für die hoch entwickelte Zivilisation und die technischen Fähigkeiten der Ägypter.

Die Entwicklung der chinesischen Schrift: Ein komplexes und vielschichtiges System

In China entwickelte sich parallel zu den sumerischen Keilschrift und den ägyptischen Hieroglyphen ein eigenes Schriftsystem: die chinesische Schrift. Diese Schrift, die aus Tausenden von komplexen Zeichen besteht, wurde auf Bambusstreifen, Seide und später auf Papier geschrieben. Die chinesische Schrift ist eines der ältesten und vielschichtigsten Schriftsysteme der Welt.

Die Entwicklung der chinesischen Schrift war eng mit der Entstehung der chinesischen Kultur und Philosophie verbunden. Die Schriftzeichen repräsentierten nicht nur Klänge, sondern auch Bedeutungen und Konzepte, was sie zu einem äußerst flexiblen und vielseitigen Kommunikationsmittel machte. Die chinesische Schrift ist bis heute ein wichtiger Bestandteil der chinesischen Kultur und Identität.

Die Bedeutung der Schrift für die Menschheit

Die Entstehung von Schriftsystemen in antiken Kulturen markierte einen bedeutenden Fortschritt in der menschlichen Kommunikation und Kultur. Die Schrift ermöglichte es den Menschen, Informationen aufzuzeichnen, Wissen zu überliefern und komplexe Gedanken und Ideen zu vermitteln. Sie legte den Grundstein für die Entwicklung von Literatur, Wissenschaft, Religion und Politik und war ein entscheidender Faktor für den Aufstieg großer Zivilisationen.

Die Entwicklung der Schrift ist ein faszinierendes Kapitel in der Geschichte der Menschheit und zeigt, wie die Suche nach neuen Wegen der Kommunikation und Selbstausdruck die menschliche Kreativität und Intelligenz anspornt. In den folgenden Kapiteln werden wir weiter in die Geschichte der Medien eintauchen und die entscheidenden Wendepunkte, Innovationen und Herausforderungen auf unserem Weg zur modernen Medienlandschaft erkunden.

Die Rolle der Schrift in der Antike: Von Papyrusrollen bis zu antiken Bibliotheken

Die Entwicklung der Schrift spielte eine entscheidende Rolle in der antiken Welt und prägte maßgeblich die Art und Weise, wie Informationen festgehalten, übermittelt und aufbewahrt wurden. Von der Erfindung des Papyrus bis zur Gründung großer Bibliotheken war die Schrift ein Schlüsselelement in der antiken Kultur und Bildung.

Die Erfindung des Papyrus:

Ein Meilenstein in der Geschichte der Schrift

Die alten Ägypter waren die ersten, die eine Schreibunterlage aus Papyrus herstellten, einer Pflanze, die im Niltal wuchs. Papyrusrollen waren leicht zu transportieren, langlebig und einfach zu beschreiben, wodurch sie sich ideal für die Aufzeichnung von Texten eigneten. Die Erfindung des Papyrus revolutionierte die Art und Weise, wie Informationen festgehalten wurden, und ermöglichte es, Wissen über Generationen hinweg zu bewahren.

Die Bedeutung von Schriftrollen und Handschriften

In der antiken Welt wurden Texte in Form von Schriftrollen und Handschriften verfasst und aufbewahrt. Diese Rollen bestanden aus Papyrus oder Pergament und wurden von Hand beschrieben. Sie waren oft mit kostbaren Verzierungen und Illustrationen versehen und dienten nicht nur der Aufbewahrung von Wissen, sondern auch als Statussymbol für diejenigen, die sie besaßen.

Schriftrollen wurden für verschiedene Zwecke verwendet, darunter literarische Werke, historische Aufzeichnungen, religiöse Texte und wissenschaftliche Abhandlungen. Sie waren die Hauptquelle für Bildung und Wissen in der antiken Welt und spielten eine zentrale Rolle im kulturellen Leben der Gesellschaft.

Die Gründung antiker Bibliotheken:

Hüter des Wissens

Mit der wachsenden Bedeutung der Schrift entstanden in der Antike auch die ersten Bibliotheken, die als Hüter des Wissens fungierten. Eine der berühmtesten antiken Bibliotheken war die Bibliothek von Alexandria in Ägypten, die im 3. Jahrhundert v. Chr. gegründet wurde. Die Bibliothek von Alexandria beherbergte Hunderttausende von Schriftrollen und Handschriften aus verschiedenen Kulturen und bildete das Zentrum des intellektuellen Lebens im antiken Mittelmeerraum.

Antike Bibliotheken spielten eine wichtige Rolle bei der Bewahrung und Verbreitung von Wissen und trugen zur Entwicklung von Wissenschaft, Philosophie und Kunst bei. Sie waren

Orte des Studiums, der Diskussion und des Austauschs und zogen Gelehrte und Studenten aus der ganzen Welt an.

Die Bedeutung für die moderne Welt

Die Rolle der Schrift in der Antike legte den Grundstein für die Entwicklung von Medien und Kommunikationstechnologien, die bis heute fortbestehen. Die Erfindung des Papyrus, die Verwendung von Schriftrollen und Handschriften und die Gründung antiker Bibliotheken trugen maßgeblich zur Verbreitung von Wissen und Bildung bei und prägten das kulturelle Erbe der Menschheit.

Die antike Schriftkultur hinterließ ein Erbe, das bis heute in Form von Büchern, Bibliotheken und digitalen Medien weiterlebt. Sie zeigt, wie die Schrift als Medium der Kommunikation und des Wissensaustauschs die Entwicklung der menschlichen Zivilisation beeinflusst hat und weiterhin beeinflusst. In den folgenden Kapiteln werden wir weitere Meilensteine in der Geschichte der Medien erforschen und die vielfältigen Facetten dieses faszinierenden Themas beleuchten.

Die Erfindung des Buchdrucks: Johannes Gutenberg und die Gutenberg-Bibel

Die Erfindung des Buchdrucks mit beweglichen Lettern durch Johannes Gutenberg gilt als eine der revolutionärsten Entwicklungen in der Geschichte der Medien. Mit der Gutenberg-Bibel schuf er nicht nur das erste gedruckte Buch in Europa, sondern legte auch den Grundstein für die Massenproduktion von Büchern und die Verbreitung von Wissen in bisher ungekanntem Ausmaß.

Johannes Gutenberg:

Der Erfinder des Buchdrucks

Johannes Gutenberg, ein deutscher Goldschmied und Drucker, lebte im 15. Jahrhundert in Mainz. Inspiriert von den Möglichkeiten der Drucktechnik in China, entwickelte er ein Verfahren, bei dem einzelne Lettern aus Metall gegossen und anschließend zu Wörtern und Sätzen zusammengesetzt werden konnten. Dieses Verfahren ermöglichte eine effiziente und kostengünstige Produktion von Büchern im Vergleich zu den traditionellen Methoden des handschriftlichen Kopierens.

Johannes Gensfleisch, genannt Gutenberg (* um 1400 in Mainz; † vor dem 26. Februar 1468 ebenda), gilt als Erfinder des modernen Buchdrucks mit beweglichen Metalllettern (Mobilletterndruck) und der Druckerpresse.

Die Gutenberg-Bibel:

Das erste gedruckte Buch Europas

Die Gutenberg-Bibel, auch bekannt als die 42-zeilige Bibel, wurde von Johannes Gutenberg um 1450 gedruckt. Sie war das erste Buch, das mit beweglichen Lettern gedruckt wurde und gilt als Meisterwerk der Druckkunst. Die Gutenberg-Bibel wurde in einer Auflage von etwa 180 Exemplaren gedruckt und verbreitete sich schnell in ganz Europa.

Die Gutenberg-Bibel revolutionierte die Art und Weise, wie Informationen verbreitet wurden, und trug maßgeblich zur Verbreitung des christlichen Glaubens und zur Bildung bei. Sie war ein Symbol für die Macht des gedruckten Wortes und markierte den Beginn des Zeitalters des Buchdrucks.

Die Auswirkungen des Buchdrucks auf die Gesellschaft

Die Erfindung des Buchdrucks hatte tiefgreifende Auswirkungen auf die Gesellschaft und Kultur Europas. Durch die Massenproduktion von Büchern wurde Wissen für eine breitere Bevölkerungsschicht zugänglich, was zu einem Anstieg der Alphabetisierung und zur Verbreitung neuer Ideen und Informationen führte. Der Buchdruck trug zur Verbreitung der Reformation, der wissenschaftlichen Revolution und der Aufklärung bei und prägte das intellektuelle Leben Europas nachhaltig.

Das Erbe von Johannes Gutenberg

Johannes Gutenberg und die Gutenberg-Bibel hinterließen ein bleibendes Erbe, das bis heute spürbar ist. Der Buchdruck revolutionierte die Medienlandschaft und ebnete den Weg für die Entwicklung von Zeitungen, Zeitschriften, Büchern und anderen gedruckten Medien. Gutenbergs bahnbrechende Erfindung zeigt, wie Innovation und Technologie die Art und Weise verändern können, wie wir kommunizieren, lernen und unsere Welt verstehen.

Die Verbreitung von Wissen: Die Renaissance und die Rolle des Buchdrucks

Die Renaissance war eine Epoche der Wiedergeburt des Wissens, der Künste und der Kultur in Europa. Eine zentrale Rolle bei der Verbreitung dieses Wissens spielte der Buchdruck, der es ermöglichte, Ideen und Informationen in bisher ungekanntem Ausmaß zu verbreiten und den geistigen Horizont der Menschen zu erweitern.

Die Renaissance: Ein Aufbruch in neue intellektuelle Dimensionen

Die Renaissance, die vom 14. bis zum 17. Jahrhundert dauerte, war geprägt von einem neuen Interesse an den antiken Kulturen Griechenlands und Roms, einer Wiederentdeckung der klassischen Literatur und Philosophie sowie einem neuen Verständnis für die Natur und den Menschen. Dieser intellektuelle Aufbruch führte zu bedeutenden Entwicklungen in den Bereichen Kunst, Wissenschaft, Literatur und Politik und legte den Grundstein für die moderne Welt.

Die Rolle des Buchdrucks:

Die Verbreitung von Wissen für alle

Der Buchdruck spielte eine entscheidende Rolle bei der Verbreitung der Ideen und Erkenntnisse der Renaissance. Dank der Erfindung des Buchdrucks konnten Bücher in großen Mengen und zu erschwinglichen Preisen produziert werden, was dazu führte, dass Wissen nicht mehr länger ein Privileg der Elite war, sondern für eine breitere Bevölkerungsschicht zugänglich wurde.

Bücher über alle möglichen Themen – von Philosophie über Naturwissenschaften bis hin zu Kunst und Literatur – wurden gedruckt und verbreiteten sich über ganz Europa. Menschen konnten nun Bücher lesen, diskutieren und sich über die neuesten Entwicklungen informieren, was zu einem beispiellosen geistigen Aufschwung führte.

Die Auswirkungen auf die Gesellschaft:

Bildung für alle

Die Verbreitung von Wissen durch den Buchdruck hatte tiefgreifende Auswirkungen auf die Gesellschaft. Bildung wurde zunehmend als wichtiger Wert angesehen, und die Alphabetisierungsrate stieg deutlich an. Menschen aus allen Schichten und sozialen Milieus konnten nun Zugang zu Bildung und Wissen erhalten, was zu einem Wandel in der gesellschaftlichen

Hierarchie führte und die Grundlage für eine modernere und aufgeklärtere Gesellschaft legte.

Das Erbe der Renaissance und des Buchdrucks

Die Renaissance und die Erfindung des Buchdrucks hinterließen ein bleibendes Erbe, das bis heute spürbar ist. Sie prägten nicht nur die Kultur und Wissenschaft Europas, sondern legten auch den Grundstein für die moderne Welt. Die Verbreitung von Wissen und Bildung für alle ist ein Wert, der bis heute hochgehalten wird und eine der wichtigsten Errungenschaften der Renaissance und des Buchdrucks darstellt.

Die Geburt der Zeitung: Die ersten gedruckten Nachrichtenblätter und Flugblätter

Die Erfindung des Buchdrucks mit beweglichen Lettern durch Johannes Gutenberg im 15. Jahrhundert ermöglichte nicht nur die Massenproduktion von Büchern, sondern legte auch den Grundstein für die Entstehung gedruckter Nachrichtenblätter und Flugblätter – die Vorläufer der modernen Zeitungen.

Die frühen Anfänge:

Handgeschriebene Nachrichtenblätter

Schon vor der Erfindung des Buchdrucks gab es in Europa handgeschriebene Nachrichtenblätter, die von Boten oder Schreibern verbreitet wurden. Diese Blätter enthielten oft politische Nachrichten, Ankündigungen von Veranstaltungen und Gerüchte aus der Stadt oder der Region. Sie waren jedoch aufgrund ihrer begrenzten Verbreitung und Verfügbarkeit nur einer kleinen Gruppe von Menschen zugänglich.

Die Rolle des Buchdrucks:

Die Entstehung gedruckter Nachrichtenblätter

Mit der Verbreitung des Buchdrucks begannen Drucker, gedruckte Nachrichtenblätter herzustellen, die eine größere Reichweite hatten und einfacher zu verbreiten waren als handgeschriebene Blätter. Diese ersten gedruckten Nachrichtenblätter enthielten oft politische Nachrichten, Berichte über Ereignisse wie Kriege oder Naturkatastrophen, sowie Ankündigungen von Veranstaltungen und Verkaufsangebote.

Hannoversches Tageblatt, Titelseite, Ausgabe vom 24. Oktober 1865

Flugblätter:

Die ersten Formen der Massenmedien

Flugblätter waren gedruckte Einzelblätter, die schnell und kostengünstig produziert werden konnten und oft kontroverse oder sensationelle Nachrichten enthielten. Sie wurden von Druckern oder Privatpersonen hergestellt und auf öffentlichen Plätzen oder an belebten Straßen verteilt. Flugblätter waren eine frühe Form der Massenmedien und wurden von verschiedenen politischen, religiösen und kommerziellen Interessengruppen genutzt, um ihre Botschaften zu verbreiten und die öffentliche Meinung zu beeinflussen.

Die Bedeutung für die Entwicklung der Medien

Die Geburt der Zeitung und der gedruckten Nachrichtenblätter markierte einen Wendepunkt in der Geschichte der Medien. Sie ermöglichten eine schnellere Verbreitung von Informationen, eine größere Reichweite und eine breitere Verfügbarkeit von Nachrichten für die Bevölkerung. Die ersten gedruckten Nachrichtenblätter und Flugblätter legten den Grundstein für die Entwicklung der modernen Zeitungen und prägten die Art und Weise, wie Nachrichten produziert, verbreitet und konsumiert wurden.

Die Ära der Revolutionen: Die Auswirkungen der Französischen und Amerikanischen Revolutionen auf die Medienlandschaft

Die Französische und Amerikanische Revolution waren epochale Ereignisse, die nicht nur politische und gesellschaftliche Veränderungen mit sich brachten, sondern auch einen tiefgreifenden Einfluss auf die Medienlandschaft hatten. In diesem Kapitel werden wir die Auswirkungen dieser Revolutionen auf die Medien untersuchen und ihre Bedeutung für die Entwicklung der modernen Medienlandschaft beleuchten.

Die Französische Revolution:

Eine Explosion der Medienvielfalt

Die Französische Revolution von 1789 bis 1799 brachte eine Vielzahl neuer politischer Ideen und Bewegungen hervor, die von den Massen unterstützt wurden. Diese Ideen wurden in Flugschriften, Zeitungen, Pamphleten und politischen Broschüren verbreitet, die eine explosionsartige Zunahme der Medienvielfalt in Frankreich zur Folge hatten. Die Medien wurden zu einem wichtigen Instrument zur Mobilisierung der Bevölkerung, zur Verbreitung von Ideen und zur politischen Propaganda.

Die Amerikanische Revolution:

Die Geburt einer freien Presse

Die Amerikanische Revolution von 1775 bis 1783 führte zur Unabhängigkeit der Vereinigten Staaten von Großbritannien und legte den Grundstein für die Entwicklung einer freien Presse. In den Jahren vor und während der Revolution entstanden zahlreiche Zeitungen und Druckereien, die die revolutionären Ideen und Ereignisse dokumentierten und kommentierten. Die Presse spielte eine entscheidende Rolle bei der Mobilisierung der Bevölkerung, der Verbreitung von Nachrichten und der Formung der öffentlichen Meinung.

Die Folgen für die Medienlandschaft

Die Französische und Amerikanische Revolution hatten weitreichende Auswirkungen auf die Medienlandschaft ihrer jeweiligen Länder und darüber hinaus. Sie legten den Grundstein für eine freiere und vielfältigere Medienlandschaft, in der Meinungsfreiheit und Pressefreiheit zunehmend an Bedeutung gewannen. Die Revolutionen förderten die Entwicklung neuer journalistischer Formate und Stile, die politische Diskussion und Debatte anregten und dazu beitrugen, die Demokratie zu festigen.

Das Erbe der Revolutionen für die Medien

Das Erbe der Französischen und Amerikanischen Revolutionen für die Medien ist bis heute spürbar. Die Prinzipien der Meinungsfreiheit, Pressefreiheit und demokratischen Teilhabe, die während dieser Revolutionen etabliert wurden, sind grundlegende Werte der modernen Medienlandschaft. Die Revolutionen markierten einen Wendepunkt in der Geschichte der Medien und legten den Grundstein für die Entwicklung einer freieren, vielfältigeren und demokratischeren Medienlandschaft.

Die Industrialisierung und die Massenmedien: Die Rolle von Zeitungen und Zeitschriften im 19. Jahrhundert

Das 19. Jahrhundert war geprägt von tiefgreifenden Veränderungen, die durch die Industrialisierung ausgelöst wurden. Diese Veränderungen hatten auch einen erheblichen Einfluss auf die Medienlandschaft, insbesondere auf Zeitungen und Zeitschriften, die zu wichtigen Informationsquellen und Meinungsbildnern in der Gesellschaft wurden.

Die Industrialisierung und die Verbreitung von Zeitungen

Mit dem Aufkommen von Dampfdruckmaschinen und anderen technologischen Innovationen während der Industrialisierung konnte die Produktion von Zeitungen stark rationalisiert und industrialisiert werden. Dadurch wurden Zeitungen erschwinglicher und konnten in größeren Mengen produziert und verteilt werden. Dies führte zu einer raschen Zunahme der Anzahl von Zeitungen und zu einer breiteren Leserschaft.

Die Entstehung von Massenmedien

Die zunehmende Verbreitung von Zeitungen und Zeitschriften ermöglichte es, Informationen und Nachrichten über große

Entfernungen und in kurzer Zeit zu verbreiten. Dies trug dazu bei, eine nationale Öffentlichkeit zu schaffen und den Austausch von Informationen und Ideen zu fördern. Zeitungen und Zeitschriften wurden zu wichtigen Instrumenten der Meinungsbildung und politischen Mobilisierung und spielten eine entscheidende Rolle bei der Formung der öffentlichen Meinung.

Die Rolle der Pressefreiheit

Die zunehmende Bedeutung von Zeitungen und Zeitschriften im 19. Jahrhundert ging Hand in Hand mit der Entwicklung von Pressefreiheit und Meinungsfreiheit. In vielen Ländern wurden Gesetze verabschiedet, die die Pressefreiheit schützten und die Zensur einschränkten, was den Zeitungen eine größere Unabhängigkeit und Freiheit bei der Berichterstattung ermöglichte. Dies trug dazu bei, die Vielfalt und Qualität der Medienlandschaft zu fördern und den Einfluss der Medien auf die Gesellschaft zu stärken.

Die Entstehung von journalistischen Standards

Mit dem Aufkommen von Zeitungen und Zeitschriften im 19. Jahrhundert entstanden auch journalistische Standards und Ethikrichtlinien, die die Qualität und Glaubwürdigkeit der Berichterstattung verbesserten. Journalisten wurden zunehmend als professionelle Berichterstatter angesehen und trugen dazu bei, die Qualität und Objektivität der Medien zu erhöhen.

Das Erbe des 19. Jahrhunderts für die Medienlandschaft

Die Rolle von Zeitungen und Zeitschriften im 19. Jahrhundert war von entscheidender Bedeutung für die Entwicklung der modernen Medienlandschaft. Die Industrialisierung und die Verbreitung von Massenmedien trugen dazu bei, eine informierte und engagierte Öffentlichkeit zu schaffen und den Einfluss der Medien auf die Gesellschaft zu stärken. Das Erbe des 19. Jahrhunderts prägt bis heute die Struktur und Funktion der Medienlandschaft.

Die Entwicklung des Radios: Von den Anfängen der drahtlosen Kommunikation bis zu den ersten Radiosendungen

Die Geschichte des Radios ist eine faszinierende Reise durch die technologischen Innovationen und gesellschaftlichen Veränderungen des 19. und 20. Jahrhunderts. Von den ersten Experimenten mit drahtloser Kommunikation bis zu den ersten Radiosendungen, die Millionen von Menschen erreichten, hat das Radio eine transformative Wirkung auf die Welt gehabt.

Die Anfänge der drahtlosen Kommunikation

Die Idee der drahtlosen Kommunikation entstand im 19. Jahrhundert mit den Arbeiten von Wissenschaftlern wie James Clerk Maxwell und Heinrich Hertz, die die Existenz elektromagnetischer Wellen nachwiesen. Diese Entdeckungen legten den Grundstein für die Entwicklung von drahtloser Telegrafie und später von Radioübertragungen.

Die Pioniere des Radios

Einer der Pioniere des Radios war der italienische Erfinder Guglielmo Marconi, der in den späten 1890er Jahren die erste drahtlose Übertragung von Nachrichten über lange Strecken gelang. Marconis Experimente führten zur Gründung von Radiogesellschaften und legten den Grundstein für die kommerzielle Nutzung von Funktechnologie.

Die Entwicklung der Radiotechnologie

Im Laufe des frühen 20. Jahrhunderts wurden bedeutende Fortschritte in der Radiotechnologie erzielt, darunter die Entwicklung von Röhrenverstärkern und Antennen, die die Reichweite und Qualität der Radiosignale verbesserten. Radiogeräte wurden erschwinglicher und verbreiteten sich schnell in Haushalten auf der ganzen Welt.

Die ersten Radiosendungen

Die ersten Radiosendungen waren oft experimentell und improvisiert, aber sie zogen schnell ein breites Publikum an. Die Inhalte reichten von Musik und Unterhaltung bis zu Nachrichten und Bildungssendungen. Radiosender wie die BBC in Großbritannien und NBC in den Vereinigten Staaten wurden zu wichtigen Informations- und Unterhaltungsquellen für Millionen von Menschen.

Die gesellschaftliche Bedeutung des Radios

Das Radio hatte eine tiefgreifende gesellschaftliche Bedeutung, da es die Möglichkeit bot, Informationen und Unterhaltung in Echtzeit zu verbreiten und Menschen auf der ganzen Welt zu verbinden. Es spielte eine wichtige Rolle bei der Verbreitung von Nachrichten und Ideen und trug zur Entstehung einer globalen Massenkultur bei.

Das Erbe des Radios

Das Erbe des Radios ist bis heute spürbar, auch wenn sich die Medienlandschaft seit seinen Anfängen erheblich verändert hat. Das Radio hat den Weg für moderne Medien wie Fernsehen und Internet geebnet, aber es bleibt eine kraftvolle und vielseitige Form der Kommunikation, die Millionen von Menschen weltweit täglich nutzen.

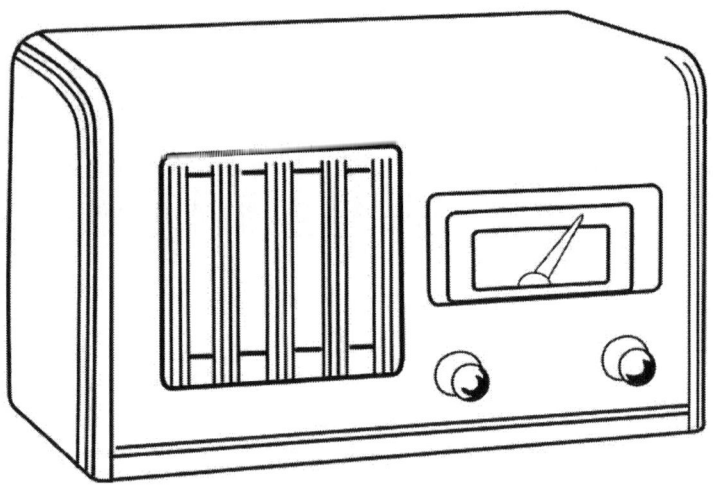

Die Ära des Films: Die Entstehung des Kinos und seine Auswirkungen auf die Gesellschaft

Die Ära des Films markiert einen Wendepunkt in der Geschichte der Medien, der die Art und Weise, wie Menschen Geschichten erzählen, erleben und teilen, revolutionierte. Von den bescheidenen Anfängen der Kinematografie bis zu den modernen Blockbustern hat das Kino eine tiefgreifende Wirkung auf die Gesellschaft gehabt und bleibt eine der einflussreichsten Formen der Unterhaltung weltweit.

Die Geburt des Kinos

Die Wurzeln des Kinos lassen sich bis zum Ende des 19. Jahrhunderts zurückverfolgen, als Pioniere wie die Gebrüder Lumière und Thomas Edison begannen, bewegte Bilder aufzunehmen und wiederzugeben. Die ersten öffentlichen Filmvorführungen fanden in den 1890er Jahren statt und faszinierten die Zuschauer mit kurzen, oft dokumentarischen Filmen.

Die Entwicklung des Stummfilms

In den frühen Jahren des Kinos dominierte der Stummfilm, der durch Live-Musikbegleitung und Zwischentitel ergänzt wurde. Regisseure wie Charlie Chaplin und Buster Keaton schufen ikonische Charaktere und Komödien, die bis heute als Meisterwerke des Stummfilms gelten. Der Stummfilm war eine universelle Sprache, die Menschen auf der ganzen Welt zusammenbrachte und eine neue Form der kulturellen Austauschs schuf.

Die Ära des Tonfilms

Der Durchbruch des Tonfilms in den späten 1920er Jahren veränderte das Kino für immer. Filme wie ›Der Jazzsänger‹ von 1927 brachten das Publikum zum Staunen und leiteten eine neue Ära des Hollywood-Kinos ein. Die Einführung von Ton ermöglichte es den Regisseuren, Geschichten mit Dialogen, Musik und Geräuscheffekten zu erzählen, was die emotionale Wirkung und das künstlerische Potenzial des Mediums erweiterte.

Die Goldenen Jahre Hollywoods

Die 1930er und 1940er Jahre waren die ›Goldenen Jahre‹ Hollywoods, geprägt von glamourösen Stars, aufwendigen Produktionen und bahnbrechenden Filmen. Das Kino wurde zum zentralen Bestandteil der amerikanischen Popkultur und exportierte seine Stars und Geschichten in die ganze Welt. Filme wie ›Casablanca‹, ›Gone with the Wind‹ und ›Citizen Kane‹ prägten das kollektive Gedächtnis und bleiben bis heute fester Bestandteil der Filmgeschichte.

Die sozialen und kulturellen Auswirkungen des Kinos

Das Kino hatte weitreichende soziale und kulturelle Auswirkungen auf die Gesellschaft. Es brachte Menschen unterschiedlicher Hintergründe und Lebensstile zusammen und schuf einen Raum für gemeinsame Erlebnisse und Emotionen. Filme spiegelten die sozialen und politischen Entwicklungen ihrer Zeit wider und trugen dazu bei, das Bewusstsein für wichtige Themen wie Rassismus, Armut und Ungerechtigkeit zu schärfen.

Das Erbe des Kinos

Das Erbe des Kinos ist bis heute spürbar, auch wenn sich die Art und Weise, wie Filme produziert, verteilt und konsumiert werden, im Laufe der Zeit verändert hat. Das Kino bleibt eine kraftvolle Form der Kunst und Unterhaltung, die Menschen auf der ganzen Welt zusammenbringt und ihre Fantasie und Kreativität anregt.

Die goldenen Jahre des Fernsehens:

Die Einführung des Fernsehens und seine

Rolle als Massenmedium

Das Fernsehen hat in der Geschichte der Medien eine herausragende Rolle gespielt und die Art und Weise, wie Menschen Informationen erhalten und Unterhaltung konsumieren, grundlegend verändert. Von den ersten experimentellen Sendungen bis zur weltweiten Verbreitung von Fernsehgeräten hat das Medium eine transformative Wirkung auf die Gesellschaft gehabt und die Welt in die Wohnzimmer von Millionen gebracht.

Die Anfänge des Fernsehens

Die Geschichte des Fernsehens reicht bis in das frühe 20. Jahrhundert zurück, als Pioniere wie John Logie Baird und Philo Farnsworth begannen, Bild- und Tonsignale drahtlos zu übertragen. Die ersten Fernsehgeräte waren primitiv und die Bildqualität war gering, aber sie faszinierten die Menschen mit der Möglichkeit, bewegte Bilder in Echtzeit zu sehen.

Die Entwicklung des Fernsehens als Massenmedium

In den 1950er und 1960er Jahren erlebte das Fernsehen einen explosionsartigen Aufstieg als Massenmedium. Die Einführung von Farbfernsehen und die Ausweitung des Sendernetzwerks ermöglichten es den Menschen, eine Vielzahl von Programmen und Sendungen zu genießen, darunter Nachrichten, Sport, Dramen und Unterhaltungsshows. Das Fernsehen wurde zum wichtigsten Informations- und Unterhaltungsmedium in vielen Haushalten.

Die Rolle des Fernsehens in der Gesellschaft

Das Fernsehen hatte eine tiefgreifende Wirkung auf die Gesellschaft, da es Menschen aus verschiedenen sozialen und kulturellen Hintergründen zusammenbrachte und eine gemeinsame kulturelle Erfahrung schuf. Fernsehsendungen wie Nachrichten und Dokumentationen halfen, das Bewusstsein für wichtige gesellschaftliche Themen zu schärfen, während Unterhaltungsshows und Serien zur Entspannung und Unterhaltung beitrugen.

Die kommerzielle Nutzung des Fernsehens

Mit dem Aufstieg des Fernsehens als Massenmedium entstanden auch neue Möglichkeiten für die kommerzielle Nutzung. Unternehmen begannen, Werbung im Fernsehen zu schalten, um ihre Produkte und Dienstleistungen einem breiten Publikum zu präsentieren. Werbespots wurden zu einem integralen Bestandteil des Fernsehens und trugen zur Finanzierung von Sendern und Programmen bei.

Die Auswirkungen des Fernsehens auf die Kultur

Das Fernsehen prägte auch die Popkultur des 20. Jahrhunderts und beeinflusste Trends, Mode und Verhaltensweisen. Fernsehstars wie Lucille Ball, Elvis Presley und The Beatles wurden zu Ikonen ihrer Zeit und trugen dazu bei, das Bild der Popkultur zu formen. Das Fernsehen war auch ein wichtiges Medium für die Verbreitung von Musik, Filmen und anderen Formen der Kunst.

Das Erbe des Fernsehens

Das Erbe des Fernsehens ist bis heute spürbar, auch wenn sich die Art und Weise, wie Menschen fernsehen, mit dem Aufkommen des Internets und neuer Technologien verändert hat. Das Fernsehen bleibt jedoch ein wichtiger Bestandteil des täglichen Lebens vieler Menschen und wird auch in Zukunft eine bedeutende Rolle in der Medienlandschaft spielen.

Die digitale Revolution: Die Entstehung des Internets und die Auswirkungen auf die Medienlandschaft

Die digitale Revolution hat die Medienlandschaft auf eine Weise transformiert, die kaum vorstellbar war. Mit der Entstehung des Internets wurden traditionelle Medien durch digitale Plattformen ergänzt und oft herausgefordert. Diese Entwicklung hat die Art und Weise, wie Informationen produziert, verbreitet und konsumiert werden, grundlegend verändert und eine neue Ära der Kommunikation eingeleitet.

Die Anfänge des Internets

Das Internet entstand in den 1960er und 1970er Jahren als ein Netzwerk von Computern, das es Forschern und Wissenschaftlern ermöglichte, Informationen auszutauschen und zu teilen. In den folgenden Jahrzehnten wuchs das Internet exponentiell und entwickelte sich zu einem globalen Netzwerk, das Menschen auf der ganzen Welt miteinander verband.

Die Auswirkungen des Internets auf die Medienlandschaft

Die Einführung des Internets hatte weitreichende Auswirkungen auf die Medienlandschaft. Zeitungen, Zeitschriften und

Fernsehsender begannen, ihre Inhalte online zu veröffentlichen, was es den Lesern ermöglichte, auf eine Fülle von Informationen zuzugreifen, ohne physische Exemplare kaufen zu müssen. Dies führte zu einem Rückgang der Printmedien und einer zunehmenden Bedeutung von Online-Medien.

Die Verbreitung von Social Media und User-generated Content

Mit der Verbreitung von Social Media Plattformen wie Facebook, Twitter und Instagram wurden die Nutzer selbst zu Produzenten von Inhalten. User-generated Content wurde zu einem integralen Bestandteil der Medienlandschaft, da Menschen ihre Gedanken, Bilder und Videos mit einem globalen Publikum teilen konnten. Dies veränderte die Dynamik der Medienproduktion und trug zur Demokratisierung der Meinungsäußerung bei.

Die Herausforderungen für traditionelle Medien

Die digitale Revolution brachte auch Herausforderungen für traditionelle Medien mit sich. Zeitungen und Zeitschriften sahen sich einem rückläufigen Lesermarkt und sinkenden Anzeigeneinnahmen gegenüber, da immer mehr Menschen ihre Nachrichten online konsumierten. Fernsehsender mussten sich anpassen, um mit dem wachsenden Angebot von Online-Streamingdiensten wie Netflix und Amazon Prime Video konkurrieren zu können.

Die Zukunft der Medien in der digitalen Ära

Trotz der Herausforderungen bietet die digitale Revolution auch Chancen für die Medienbranche. Neue Technologien wie Virtual Reality und Künstliche Intelligenz eröffnen neue Möglichkeiten für die Produktion und Distribution von Inhalten. Die Medienlandschaft wird sich weiterentwickeln und anpassen, aber das Bedürfnis der Menschen nach Information und Unterhaltung wird bestehen bleiben, was eine spannende Zukunft für die Medien verspricht.

Die Ära der sozialen Medien: Von TikTok bis zu Facebook, Twitter und Instagram

Die Ära der sozialen Medien hat die Art und Weise, wie Menschen miteinander interagieren und kommunizieren, revolutioniert. Plattformen wie TikTok, Facebook, Twitter und Instagram haben Millionen von Nutzern auf der ganzen Welt miteinander verbunden und eine neue Form der digitalen Kommunikation geschaffen. Diese sozialen Medien haben nicht nur das persönliche Leben der Menschen verändert, sondern auch die Medienlandschaft und die Art und Weise, wie Nachrichten und Informationen verbreitet werden.

TikTok:

Die Ära der kurzen Videos

TikTok hat in den letzten Jahren eine rasante Entwicklung erlebt und sich zu einer der beliebtesten Social-Media-Plattformen weltweit entwickelt. Mit seinem Fokus auf kurzen, unterhaltsamen Videos hat TikTok eine neue Form der digitalen Unterhaltung geschaffen und eine Generation von Content-Erstellern hervorgebracht, die Millionen von Followern haben. Die Plattform hat auch die Art und Weise verändert, wie Unternehmen Marketing betreiben und mit ihrer Zielgruppe interagieren.

Facebook:

Das Urgestein der sozialen Medien

Facebook war eine der ersten großen Social-Media-Plattformen und hat eine enorme Reichweite und Einfluss aufgebaut. Mit über zwei Milliarden aktiven Nutzern weltweit ist Facebook zu einer zentralen Anlaufstelle für soziale Interaktionen, Nachrichten und Informationen geworden. Die Plattform ermöglicht es den Nutzern, ihre Gedanken, Fotos und Videos mit Freunden und der Öffentlichkeit zu teilen und hat die Art und Weise, wie Menschen miteinander kommunizieren, grundlegend verändert.

Twitter:

Kurze Nachrichten, große Wirkung

Twitter zeichnet sich durch seine Begrenzung auf 280 Zeichen pro Nachricht aus, was zu kurzen, prägnanten Updates führt, die oft eine große Wirkung haben. Die Plattform hat sich zu einem wichtigen Instrument für die Verbreitung von Nachrichten und Informationen entwickelt und spielt eine zentrale Rolle in der öffentlichen Debatte über aktuelle Ereignisse und Themen. Prominente, Politiker und Journalisten nutzen Twitter, um sich mit ihrem Publikum zu verbinden und ihre Meinungen zu äußern.

Instagram:

Die Ästhetik des Lebens

Instagram hat sich als führende Plattform für das Teilen von Fotos und Videos etabliert und ist besonders beliebt bei jungen Nutzern. Mit seiner Fokussierung auf visuelle Inhalte hat Instagram eine Kultur der Ästhetik und des visuellen Storytellings geschaffen, die von Influencern, Künstlern und Unternehmen gleichermaßen genutzt wird. Die Plattform hat auch den Aufstieg des Influencer-Marketings ermöglicht, bei dem Nutzer mit einer großen Fangemeinde Produkte und Dienstleistungen bewerben.

Die Auswirkungen der sozialen Medien auf die Gesellschaft

Die sozialen Medien haben tiefgreifende Auswirkungen auf die Gesellschaft, von der Art und Weise, wie Menschen sich selbst ausdrücken und miteinander interagieren, bis hin zur Verbreitung von Nachrichten und Informationen. Sie haben neue Möglichkeiten für die Selbstrepräsentation geschaffen, aber auch Fragen der Privatsphäre und der Online-Sicherheit aufgeworfen. Trotz dieser Herausforderungen haben die sozialen Medien eine neue Ära der digitalen Kommunikation eingeleitet, die nicht mehr wegzudenken ist und die Art und Weise, wie Menschen miteinander verbunden sind, für immer verändert hat.

Die Herausforderung der Desinformation: Falschmeldungen, Fake News und die Rolle der Medien in der heutigen Gesellschaft

Die zunehmende Verbreitung von Falschmeldungen und Fake News stellt eine der größten Herausforderungen für die moderne Medienlandschaft dar. In einer Ära, in der Informationen im Überfluss vorhanden sind und jeder mit einem Internetzugang potenziell zum Nachrichtenproduzenten werden kann, ist die Unterscheidung zwischen Fakt und Fiktion schwieriger denn je geworden. Dieses Kapitel beleuchtet die Entstehung und Auswirkungen von Desinformation und die Rolle, die die Medien bei ihrer Verbreitung spielen.

Die Verbreitung von Falschmeldungen

Falschmeldungen sind nicht neu, aber mit der Verbreitung des Internets und sozialer Medien haben sie eine neue Dimension erreicht. Sie können sich in Windeseile verbreiten und große Teile der Bevölkerung erreichen, bevor ihre Unwahrheit entlarvt wird. Oftmals werden Falschmeldungen gezielt verbreitet, um politische oder gesellschaftliche Agenden zu fördern oder um Aufmerksamkeit zu erregen. Durch die Anonymität des Internets und die Möglichkeit, Nachrichten ohne Überprüfung zu verbreiten, ist es für Desinformationskampagnen einfach geworden, große Teile der Öffentlichkeit zu beeinflussen.

Die Rolle der Medien

Die Medien spielen eine ambivalente Rolle bei der Verbreitung von Desinformation. Einerseits haben sie die Verantwortung, genaue und ausgewogene Berichterstattung zu liefern und Falschmeldungen zu entlarven. Andererseits können sie selbst Opfer von Desinformationskampagnen werden oder unwissentlich falsche Informationen verbreiten. Sensationsgier, Zeitdruck und der Drang nach Klicks und Auflagen können dazu führen, dass Medien unüberprüfte Informationen veröffentlichen oder einseitige Berichterstattung betreiben, was wiederum zur Verbreitung von Desinformation beiträgt.

Die Auswirkungen auf die Gesellschaft

Die Verbreitung von Desinformation hat weitreichende Auswirkungen auf die Gesellschaft. Sie untergräbt das Vertrauen der Bürgerinnen und Bürger in die Medien und die demokratischen Institutionen und trägt zur Polarisierung und Spaltung der Gesellschaft bei. Falschmeldungen können zu Fehlinformationen führen, die Gesundheit und Sicherheit der Menschen gefährden und die öffentliche Debatte über wichtige Themen beeinflussen. Darüber hinaus können Desinformationskampagnen politische Prozesse und Wahlen beeinflussen und das Vertrauen in demokratische Institutionen untergraben.

Die Bekämpfung von Desinformation

Die Bekämpfung von Desinformation erfordert eine koordinierte Anstrengung von Regierungen, Medienorganisationen, Zivilgesellschaft und Technologieunternehmen. Dies umfasst die Förderung von Medienkompetenz und kritischem Denken bei der Bevölkerung, die Stärkung der journalistischen Standards und Ethik, die Entwicklung von Technologien zur Erkennung und Bekämpfung von Falschmeldungen sowie die Zusammenarbeit zwischen verschiedenen Akteuren, um Desinformationskampagnen zu entlarven und zu bekämpfen.

Zusammenfassung

Die Herausforderung der Desinformation ist eine der drängendsten Fragen unserer Zeit und erfordert eine umfassende und koordinierte Antwort von allen gesellschaftlichen Akteuren. Nur durch gemeinsame Anstrengungen können wir die Verbreitung von Falschmeldungen eindämmen und das Vertrauen in die Medien und die demokratischen Institutionen wiederherstellen.

Die Zukunft des Journalismus:

Neue Modelle des Nachrichtenkonsums

und die Herausforderungen für

traditionelle Medienunternehmen

Der Journalismus steht vor einer Ära des Wandels, die von neuen Technologien, sich verändernden Konsumgewohnheiten und wachsender Konkurrenz geprägt ist. Dieses Kapitel beleuchtet die aktuellen Trends im Nachrichtenkonsum und die damit verbundenen Herausforderungen für traditionelle Medienunternehmen, während sie sich bemühen, mit der sich ständig wandelnden Medienlandschaft Schritt zu halten.

Die digitale Transformation des Nachrichtenkonsums

Mit der Verbreitung des Internets und mobiler Technologien hat sich der Nachrichtenkonsum dramatisch verändert. Immer mehr Menschen nutzen digitale Plattformen wie Websites, soziale Medien und Apps, um Nachrichten zu lesen, anzusehen und zu teilen. Die Möglichkeit, Nachrichten jederzeit und überall abzurufen, hat zu einem Rückgang des traditionellen Zeitungsjournalismus geführt und neue Herausforderungen für Medienunternehmen geschaffen.

Die Macht der sozialen Medien

Soziale Medien haben eine zunehmend wichtige Rolle als Nachrichtenquelle eingenommen, wobei Plattformen wie Facebook, Twitter und Instagram Millionen von Nutzern weltweit erreichen. Diese Plattformen bieten nicht nur eine schnelle Verbreitung von Nachrichten, sondern ermöglichen es auch jedem, zum Nachrichtenproduzenten zu werden. Die virale Natur sozialer Medien kann jedoch auch zur Verbreitung von Falschmeldungen und zur Manipulation der öffentlichen Meinung führen, was traditionelle Medienunternehmen vor neue Herausforderungen stellt.

Die Herausforderungen für traditionelle Medienunternehmen

Traditionelle Medienunternehmen stehen vor einer Vielzahl von Herausforderungen, wenn sie sich an die sich verändernden Bedürfnisse und Erwartungen ihrer Leserschaft anpassen wollen. Der Rückgang der Printauflagen und Werbeeinnahmen hat viele Zeitungen und Zeitschriften dazu gezwungen, ihre Geschäftsmodelle zu überdenken und sich stärker auf digitale Inhalte und Abonnementdienste zu konzentrieren. Gleichzeitig müssen sie mit der wachsenden Konkurrenz durch digitale Medienunternehmen und Plattformen wie Google und Facebook konkurrieren, die einen Großteil der Werbeeinnahmen im Online-Bereich kontrollieren.

Neue Modelle des Nachrichtenkonsums

Trotz dieser Herausforderungen bieten die neuen Technologien auch Chancen für innovative Modelle des Nachrichtenkonsums. Digitale Abonnementdienste, Crowdfunding und Mikrotransaktionen ermöglichen es Lesern, direkt für journalistische Inhalte zu bezahlen und unabhängige Medienorganisationen zu unterstützen. Podcasts, Videostreaming und interaktive Inhalte bieten neue Möglichkeiten für die Präsentation und den Konsum von Nachrichten, während Künstliche Intelligenz und Datenjournalismus die Möglichkeit bieten, komplexe Informationen zu analysieren und zu präsentieren.

Die Rolle des Journalismus in der Gesellschaft

Trotz dieser Veränderungen bleibt der Journalismus eine entscheidende Säule der demokratischen Gesellschaft. Qualitätsjournalismus bietet unabhängige Berichterstattung, kritische Analysen und eine Plattform für den öffentlichen Diskurs, die für das Funktionieren einer freien und informierten Gesellschaft unerlässlich ist. Während sich die Medienlandschaft weiterentwickelt, ist es entscheidend, dass traditionelle Medienunternehmen und neue Akteure gemeinsam daran arbeiten, die Integrität und Glaubwürdigkeit des Journalismus zu bewahren und die Bedürfnisse ihrer Leserschaft zu erfüllen.

Ausblick

Die Zukunft des Journalismus ist geprägt von Herausforderungen und Chancen, die eine sorgfältige Navigation und Anpassung erfordern. Während traditionelle Medienunternehmen mit der digitalen Transformation kämpfen, bieten neue Technologien und Geschäftsmodelle die Möglichkeit, den Journalismus auf neue und aufregende Weise zu gestalten. Durch Zusammenarbeit, Innovation und Engagement für journalistische Standards und Ethik können Medienorganisationen weiterhin eine wichtige Rolle in der Informationsgesellschaft spielen und den demokratischen Diskurs fördern.

Die Macht der Algorithmen: Künstliche Intelligenz und personalisierte Inhalte in der Medienlandschaft

Die Medienlandschaft hat sich in den letzten Jahren stark verändert, und ein wichtiger Treiber dieser Veränderungen sind die Algorithmen, die hinter den digitalen Plattformen und Inhalten stehen. In diesem Kapitel werden wir untersuchen, wie Künstliche Intelligenz (KI) und personalisierte Inhalte die Medienlandschaft prägen und welche Auswirkungen dies auf die Art und Weise hat, wie wir Informationen konsumieren.

Die Rolle von Künstlicher Intelligenz in den Medien

Künstliche Intelligenz hat in den letzten Jahren eine rasante Entwicklung durchlaufen und ist zu einem integralen Bestandteil der Medienlandschaft geworden. Algorithmen, die auf maschinellem Lernen und Datenanalyse basieren, werden zunehmend eingesetzt, um Inhalte zu kuratieren, Empfehlungen zu geben und sogar Nachrichtenartikel zu schreiben. Diese Technologien ermöglichen es den Medienunternehmen, Inhalte auf individuelle Präferenzen und Interessen zuzuschneiden und so ein personalisiertes Nutzererlebnis zu schaffen.

Die Personalisierung von Inhalten

Personalisierte Inhalte sind zu einem wichtigen Instrument geworden, um die Aufmerksamkeit der Nutzer zu gewinnen und zu halten. Durch die Analyse von Nutzerdaten wie Suchverhalten, Klickmuster und soziale Interaktionen können Algorithmen maßgeschneiderte Inhalte erstellen, die auf die individuellen Vorlieben und Interessen jedes Nutzers zugeschnitten sind. Dies hat dazu geführt, dass sich die Art und Weise, wie wir Nachrichten konsumieren, stark verändert hat, da wir zunehmend in eine Filterblase geraten können, in der wir nur noch Inhalte sehen, die unseren bestehenden Ansichten und Überzeugungen entsprechen.

Die Herausforderungen personalisierter Inhalte

Obwohl personalisierte Inhalte viele Vorteile bieten, stehen sie auch vor einer Reihe von Herausforderungen und ethischen Bedenken. Die Filterblase, die durch personalisierte Algorithmen entstehen kann, trägt zur Fragmentierung der Gesellschaft bei und erschwert den Zugang zu vielfältigen Perspektiven und Meinungen. Darüber hinaus besteht die Gefahr der Manipulation und Beeinflussung durch gezielte Desinformation und Fake News, die durch personalisierte Inhalte verstärkt werden können.

Die Zukunft personalisierter Medien

Trotz dieser Herausforderungen wird die Personalisierung von Inhalten voraussichtlich weiter zunehmen, da Medienunternehmen bestrebt sind, ihre Inhalte für ein immer fragmentierteres Publikum zugänglich zu machen. Neue Technologien wie Augmented Reality (AR) und Virtuelle Realität (VR) bieten zusätzliche Möglichkeiten für personalisierte Nutzererlebnisse, die über traditionelle Text- und Videoinhalte hinausgehen. Es bleibt jedoch entscheidend, dass Medienunternehmen und Technologieplattformen verantwortungsvoll mit den Möglichkeiten der personalisierten Inhalte umgehen und sicherstellen, dass die Vielfalt der Meinungen und Perspektiven gewahrt bleibt.

Zusammenfassung

Die Macht der Algorithmen in der Medienlandschaft ist eine Realität, die nicht zu ignorieren ist. Während Künstliche Intelligenz und personalisierte Inhalte neue Möglichkeiten für die Verbreitung von Informationen bieten, stellen sie auch eine Herausforderung für die demokratische Gesellschaft dar. Es liegt an uns als Nutzern, kritisch zu hinterfragen, wie diese Technologien eingesetzt werden, und sicherzustellen, dass wir weiterhin Zugang zu einer Vielfalt von Meinungen und Perspektiven haben, die für eine informierte und demokratische Debatte unerlässlich sind.

Die Ethik des Medienkonsums: Verantwortung und Medienkompetenz

In einer Welt, in der wir von einer Fülle von Medieninhalten umgeben sind, wird die Frage nach der Ethik des Medienkonsums immer dringlicher. Dieses Kapitel beleuchtet die Verantwortung des Einzelnen beim Konsum von Medien und die Bedeutung von Medienkompetenz in einer zunehmend digitalisierten Gesellschaft.

Die Verantwortung des Einzelnen

Der Medienkonsum ist längst nicht mehr passiv, sondern erfordert eine aktive Beteiligung und kritische Reflexion seitens des Einzelnen. Wir sind verantwortlich dafür, welche Inhalte wir konsumieren, wie wir sie interpretieren und welche Auswirkungen sie auf unser Denken und Handeln haben. Dies erfordert ein hohes Maß an Selbstreflexion und die Fähigkeit, Informationen kritisch zu hinterfragen und zu analysieren.

Die Rolle der Medienkompetenz

Medienkompetenz ist zu einer Schlüsselqualifikation in der digitalen Welt geworden. Sie umfasst nicht nur die Fähigkeit, Medieninhalte zu verstehen und zu interpretieren, sondern auch die Fähigkeit, Medien verantwortungsbewusst zu nutzen und sich vor Desinformation und Manipulation zu schützen.

Medienkompetenz beinhaltet auch ein Bewusstsein für die eigenen Medienpräferenzen und -gewohnheiten sowie die Fähigkeit, diese gegebenenfalls zu reflektieren und anzupassen.

Die Herausforderungen des Medienkonsums

Der Medienkonsum birgt jedoch auch eine Reihe von Herausforderungen und ethischen Dilemmas. Die Verbreitung von Falschmeldungen und Fake News erfordert ein erhöhtes Maß an Skepsis und kritischem Denken seitens des Einzelnen. Gleichzeitig müssen wir uns der potenziellen Auswirkungen unseres Medienkonsums auf unsere Gesellschaft und unsere Demokratie bewusst sein und uns aktiv für eine verantwortungsvolle Nutzung von Medien einsetzen.

Die Bedeutung von Medienbildung

Um diesen Herausforderungen zu begegnen, ist es entscheidend, dass Medienbildung einen festen Platz im Bildungssystem einnimmt. Kinder und Jugendliche müssen frühzeitig lernen, Medien kritisch zu hinterfragen und verantwortungsvoll zu nutzen. Aber auch Erwachsene sollten die Möglichkeit haben, ihre Medienkompetenz kontinuierlich zu erweitern und zu vertiefen, um den Anforderungen einer sich ständig wandelnden Medienlandschaft gerecht zu werden.

Zusammenfassung

Die Ethik des Medienkonsums ist ein zentrales Thema in unserer digitalen Gesellschaft. Indem wir uns der Verantwortung jedes Einzelnen bewusst werden und unsere Medienkompetenz stärken, können wir dazu beitragen, eine informierte, kritische und demokratische Öffentlichkeit zu fördern. Es liegt an uns allen, diese Verantwortung wahrzunehmen und aktiv zu einem verantwortungsvollen Medienkonsum beizutragen.

Die Globalisierung der Medien: Internationale Vernetzung und ihre Auswirkungen

Die Globalisierung hat die Medienlandschaft in vielerlei Hinsicht transformiert und eine Ära der internationalen Vernetzung eingeleitet. Dieses Kapitel beleuchtet die Auswirkungen dieser Entwicklung auf die Medienlandschaft und die Art und Weise, wie Informationen weltweit verbreitet und konsumiert werden.

Die Entstehung einer globalen Medienlandschaft

Mit dem Aufkommen des Internets und der digitalen Kommunikation wurde die Welt zu einem globalen Dorf, in dem Informationen in Echtzeit über Grenzen hinweg ausgetauscht werden können. Dies hat zu einer starken Vernetzung der Medien geführt, wodurch Nachrichten und Inhalte aus der ganzen Welt nahezu sofort verfügbar sind.

Die Vielfalt der Medienangebote

Die Globalisierung hat auch zu einer enormen Vielfalt an Medienangeboten geführt, die es den Verbrauchern ermöglicht, aus einer breiten Palette von Quellen und Perspektiven zu wählen. Von internationalen Nachrichtenagenturen über soziale Medienplattformen bis hin zu globalen Streamingdiensten bietet die globalisierte Medienlandschaft eine Fülle von Inhalten und Informationen.

Die Herausforderungen der Globalisierung

Gleichzeitig hat die Globalisierung der Medien auch eine Reihe von Herausforderungen mit sich gebracht. Die Konzentration von Medienmacht in den Händen weniger globaler Konzerne hat Bedenken hinsichtlich der Vielfalt und Unabhängigkeit der Berichterstattung aufgeworfen. Darüber hinaus haben Fragen der kulturellen Vielfalt und der sprachlichen Barrieren die Debatte über die Globalisierung der Medien geprägt.

Die Rolle der sozialen Medien

Insbesondere soziale Medienplattformen haben eine zentrale Rolle in der globalisierten Medienlandschaft eingenommen. Sie ermöglichen es Einzelpersonen und Organisationen, Inhalte weltweit zu verbreiten und sich mit einem globalen Publikum zu vernetzen. Gleichzeitig haben sie jedoch auch zur Verbreitung von Desinformation und Fake News beigetragen, was zu neuen Herausforderungen für die Medienlandschaft geführt hat.

Die Zukunft der globalen Medienlandschaft

Die Globalisierung der Medien ist eine unaufhaltsame Entwicklung, die weiterhin die Art und Weise, wie wir Informationen konsumieren und miteinander kommunizieren, prägen wird. Es liegt an den Medienunternehmen, Regierungen und der Zivilgesellschaft, die Chancen und Herausforderungen dieser Entwicklung zu erkennen und konstruktive Lösungen zu finden, um eine informierte und demokratische Öffentlichkeit zu fördern.

Die Medien und die Demokratie:
Die Bedeutung einer freien Presse

Die Beziehung zwischen den Medien und der Demokratie ist von zentraler Bedeutung für das Funktionieren einer freien und gerechten Gesellschaft. Dieses Kapitel beleuchtet die essenzielle Rolle einer unabhängigen und kritischen Presse für die Stärkung demokratischer Prinzipien und die Wahrung der Bürgerrechte.

Wächter der Öffentlichkeit:

Die Rolle der Medien in einer Demokratie

Eine freie Presse fungiert als Wächter der Öffentlichkeit, indem sie Regierungen, Institutionen und Machthaber kritisch hinterfragt und über ihre Handlungen berichtet. Durch investigative Recherchen und unabhängige Berichterstattung trägt sie zur Aufdeckung von Missständen, Korruption und Machtmissbrauch bei und schützt so die Interessen der Bürger.

Informierte Bürger, starke Demokratie

Eine informierte Bürgerschaft ist das Fundament einer starken Demokratie. Durch den Zugang zu vielfältigen und unabhängigen Medienquellen können Bürger informierte Entscheidungen treffen, politische Prozesse verstehen und sich aktiv am demokratischen Diskurs beteiligen. Eine freie Presse fördert die Transparenz und Rechenschaftspflicht von Regierungen und trägt so zur Stärkung der demokratischen Institutionen bei.

Kontrolle der Macht: Medien als Gegenmacht

In einer demokratischen Gesellschaft ist es von entscheidender Bedeutung, dass keine einzelne Institution oder Gruppierung zu viel Macht ansammelt. Die Medien fungieren als wichtige Gegenmacht, die die Handlungen von Regierungen und anderen Machthabern kontrolliert und für ein Gleichgewicht der Kräfte sorgt. Durch kritische Berichterstattung und öffentliche Debatte können sie die Macht kontrollieren und die Freiheit und Rechte der Bürger verteidigen.

Herausforderungen für die Pressefreiheit

Trotz ihrer Bedeutung sehen sich die Medien oft mit Herausforderungen und Bedrohungen konfrontiert. Zensur, staatliche Einmischung, wirtschaftlicher Druck und Gewalt gegen Journalisten sind nur einige der Hindernisse, mit denen sie konfrontiert werden. Es ist daher von entscheidender Bedeutung, die Pressefreiheit zu schützen und die Unabhängigkeit der Medien zu gewährleisten, um eine lebendige und vielfältige demokratische Öffentlichkeit zu erhalten.

Die Zukunft der Medien und der Demokratie

In einer sich ständig verändernden Medienlandschaft ist es wichtig, die Bedeutung einer freien Presse für die Demokratie zu betonen und sich für ihre Stärkung und Verteidigung einzusetzen. Durch die Förderung von Medienkompetenz, den Schutz von Journalisten vor Bedrohungen und die Unterstützung unabhängiger Medienorganisationen können wir sicherstellen, dass die Medien auch in Zukunft eine unverzichtbare Rolle im demokratischen Gefüge spielen.

Die Zukunft der Medien:

Herausforderungen und Chancen im

digitalen Zeitalter

Die Medienlandschaft steht vor einem epochalen Wandel, der durch die fortschreitende Digitalisierung und die technologische Innovation vorangetrieben wird. In diesem Kapitel untersuchen wir die Herausforderungen und Chancen, die sich in diesem neuen Zeitalter für die Medien ergeben.

Digitale Disruption: Veränderungen in der Medienlandschaft

Das Aufkommen des Internets und neuer digitaler Technologien hat die traditionelle Medienlandschaft grundlegend verändert. Traditionelle Zeitungen und Zeitschriften haben mit dem Rückgang der Printauflagen zu kämpfen, während Online-Medien und soziale Plattformen immer mehr an Bedeutung gewinnen. Diese digitale Disruption* hat die Art und Weise, wie Nachrichten produziert, konsumiert und verbreitet werden, revolutioniert.

Fragmentierung und Filterblasen:

Die Herausforderung der Vielfalt

Eine der Herausforderungen des digitalen Zeitalters besteht darin, dass Informationen zunehmend fragmentiert und individualisiert werden. Durch personalisierte Algorithmen und Filterblasen können Nutzer dazu neigen, nur noch Inhalte zu konsumieren, die ihre bestehenden Ansichten und Vorlieben bestätigen. Dies führt zu einer Fragmentierung der öffentlichen Meinung und erschwert den Zugang zu vielfältigen Perspektiven.

Desinformation und Fake News:

Die dunkle Seite der Digitalisierung

Ein weiteres Problem, das mit der Digitalisierung einhergeht, ist die Verbreitung von Desinformation und Fake News. Durch die Anonymität und Schnelligkeit des Internets können falsche oder irreführende Informationen leicht verbreitet werden, was das Vertrauen in die Medien und die demokratischen

Institutionen untergräbt. Die Bekämpfung von Desinformation erfordert eine stärkere Medienkompetenz und die Entwicklung neuer Strategien zur Verifizierung von Informationen.

Neue Geschäftsmodelle und Monetarisierung:

Die Suche nach nachhaltigen Lösungen

Die Digitalisierung hat auch neue Geschäftsmodelle und Monetarisierungsmöglichkeiten für Medienunternehmen geschaffen. Von Abonnementmodellen über Paywalls bis hin zu digitaler Werbung gibt es eine Vielzahl von Ansätzen, um Einnahmen zu generieren. Dennoch stehen viele Medienunternehmen vor der Herausforderung, nachhaltige und profitable Geschäftsmodelle zu entwickeln, die es ihnen ermöglichen, qualitativ hochwertigen Journalismus zu finanzieren.

Innovation und Experimente:

Die Chancen der digitalen Transformation

Trotz der Herausforderungen bietet die digitale Transformation auch viele Chancen für die Medien. Neue Technologien wie Virtual Reality, Augmented Reality und Künstliche Intelligenz eröffnen spannende Möglichkeiten für innovative Formen des Storytellings und der Interaktion mit dem Publikum. Medienunternehmen können von der digitalen Revolution profitieren, indem sie neue Wege der Content-Erstellung, Distribution und Monetarisierung erkunden.

Die Rolle der Gesellschaft:

Die Zukunft der Medien gestalten

Die Zukunft der Medien liegt nicht allein in den Händen der Medienunternehmen, sondern auch in der Verantwortung der Gesellschaft als Ganzes. Durch die Förderung von Medienkompetenz, die Unterstützung unabhängiger Medien und die Förderung eines offenen und pluralistischen Informationsumfelds können wir gemeinsam eine Zukunft gestalten, in der die Medien ihre wichtige Rolle als Wächter der Demokratie und Informationsvermittler erfüllen können.

Über den Autor

Lutz Spilker wurde im Jahre 1955 in Duisburg geboren.

Bevor er zum Schreiben von Romanen und Dokumentationen fand, verließen bisher unzählige Kurzgeschichten, Kolumnen und Versdichtungen seine Feder.

In seinen Büchern befasst er sich vorrangig mit dem menschlichen Bewusstsein und der damit verbundenen Wahrnehmung. Seine Grenzen sind nicht die, welche mit der Endlichkeit des Denkens, des Handelns und des Lebens begrenzt werden, sondern jene, die der empirischen Denkform noch nicht unterliegen.

Es sind die Möglichkeiten des Machbaren, die Dinge, welche sich allein in der Vorstellung eines jeden Menschen darstellen und aufgrund der Flüchtigkeit des Geistes unbewiesen bleiben. Die Erkenntnis besitzt ihre Gültigkeit lediglich bis zur Erlangung einer neuen und die passiert zu jeder weiteren Sekunde.

Die Welt von Lutz Spilker beginnt dort, wo zu Beginn allen Seins nichts Fassbares war, als leerer Raum. Kein Vorne, kein Hinten, kein Oben und kein Unten. Kein Glaube, kein Wissen, keine Moral, keine Gesetze und keine Grenzen. Nichts.

In Lutz Spilkers Romanen passieren heimtückische Morde ebenso wie die Zauber eines Märchens. Seine Bücher sind oftmals Thriller, Krimi, Abenteuer, Science Fiction, Fantasy und selbst Love-Story in einem.

»Ich liebe die Sprache: Sie vermag zu streicheln, zu liebkosen und zu Tränen zu rühren. Doch sie kann ebenso stachelig sein, wie der Dorn einer Rose und mit nur einem Hieb zerschmettern.«

In dieser Reihe sind bisher erschienen

Die Erfindung der Musik
Die Erfindung der Wiedergeburt
Die Erfindung des Zufalls
Die Erfindung der Namen
Die Erfindung des Bewusstseins
Die Erfindung des freien Willens
Die Erfindung des Wahrsagens
Die Erfindung der Körpersprache
Die Erfindung des Schlafs
Die Erfindung der Sklaverei
Die Erfindung der Angst
Die Erfindung der Vernunft
Die Erfindung des Vollmonds
Die Erfindung des Vitamin B
Die Erfindung des Make-Up
Die Erfindung des Weihnachtsfestes
Die Erfindung des Ku-Klux-Klan
Die Erfindung des Träumens
Die Erfindung der Flaschenpost
Die Erfindung der Mafia
Die Erfindung der Freimaurer
Die Erfindung der Freibeuter
Die Erfindung der Raumfahrt
Die Erfindung der Tempelritter
Die Erfindung des ADHS-Syndroms
Die Erfindung der Homöopathie
Die Erfindung der Freizeitparks
Die Erfindung der Medien

Zeitfracht Medien GmbH
Ferdinand-Jühlke-Straße 7
99095 Erfurt, Deutschland
produktsicherheit@kolibri360.de